noms des vendeurs

CATALOGUE

DES

OBJETS DE MONTRE

GOUACHES, ÉMAUX

MINIATURES, TABATIÈRES

GROUPES ET FIGURINES EN SAXE

Tapisseries, Étoffes, Tableaux

DONT LA VENTE AUX ENCHÈRES PUBLIQUES AURA LIEU

HOTEL DROUOT

SALLE N° 2

Le Samedi 21 Décembre 1872

A DEUX HEURES

Par le ministère de **Mᵉ ESCRIBE,** Commissaire-Priseur, rue de Hanovre, 6,

Assisté de **MM. DHIOS** et **GEORGE,** Experts, rue Le Peletier, 33.

EXPOSITION PUBLIQUE

Le Vendredi 20 Décembre 1872, de 1 heure à 5 heures.

PARIS — 1872

14

Vves RENOU, MAULDE ET COCK

IMPRIMEURS DE LA COMPAGNIE DES COMMISSAIRES-PRISEURS

Rue de Rivoli, 144

CATALOGUE

DES

OBJETS DE MONTRE

GOUACHES, ÉMAUX

MINIATURES, TABATIÈRES

GROUPES ET FIGURINES EN SAXE

Tapisseries, Étoffes, Tableaux

DONT LA VENTE AUX ENCHÈRES PUBLIQUES AURA LIEU

HOTEL DROUOT

SALLE N° 2

Le Samedi 21 Décembre 1872

A DEUX HEURES

Par le ministère de **Mᵉ ESCRIBE,** Commissaire-Priseur,
rue de Hanovre, 6,

Assisté de **MM. DHIOS** et **GEORGE**, Experts, rue Le Peletier, 33.

EXPOSITION PUBLIQUE

Le Vendredi 20 Décembre 1872, de 1 heure à 5 heures.

PARIS — 1872

CONDITIONS DE LA VENTE

Elle aura lieu au comptant.

Les Acquéreurs paieront CINQ POUR CENT, en sus des enchères, applicables aux frais.

L'Exposition mettant le Public à même de se rendre compte de l'état et de la nature des Objets, il ne sera admis aucune réclamation, une fois l'adjudication prononcée.

DÉSIGNATION

MINIATURES, GOUACHES

TABATIÈRES, ÉMAUX

1 — **Blarembergbe** (Van). Vue du port de Bordeaux.

Les quais sont animés d'un grand nombre de petites figures diversement groupées. Gouache importante.

Haut., 27 c.; larg., 62 c.

2 — **Blarembergbe** (Van). Chasseur et Bergers endormis.

Très-petite Gouache.

3 — Grande Gouache : Paysage avec figures. Pêcheur dans sa barque, blanchisseuses, etc.

4 — Les Délassements des bergers. Gouache attribuée à Huet.

5 — Boîte ronde en buis doublée d'écaille, ornée d'une jolie miniature : Portrait de jeune fille avec fleurs dans les cheveux. Cercle en or ciselé.

6 — Boîte ronde en ivoire, ornée d'une miniature représentant Joseph et Putiphar, par Klingstet.

7 — Boîte ronde en porphyre rouge, ornée d'une miniature représentant Salmaçis et Hermaphrodite. Monture en or.

8 — Vénus et Amours : Miniature de forme ovale, par Charlier. Cadre en cuivre.

9 — **Dumont.** 1810 Signé. Portrait de jeune femme accoudée sur un rocher.

10 — Portrait de Mlle Duchesnois de la Comédie française. Miniature ovale signée Inès d'Esmenard, 1819.

11 — Portrait de Mlle de Montpensier. Miniature ovale sur vélin.

12 — Boîte ronde en ivoire doublée en écaille, ornée d'une miniature représentant des nymphes endormies.

13 — Les Adieux. Miniature de forme ronde.

14 — Portrait de l'impératrice Joséphine. Miniature ovale.

15 — Jeune femme, la gorge découverte. Miniature du du temps de Louis XVI, forme ronde.

16 — Portrait de jeune femme, coiffure Louis XVI. Miniature de forme ovale.

17 — Jeune femme, les seins nus. Miniature ronde de l'École anglaise.

18 — Portrait de jeune femme, représentée à mi-jambes, tenant une lettre, dans un intérieur Louis XVI.

19 — Jeune femme au bain. Miniature de forme ronde.

20 — **Émail** : Suzanne au bain. Petit émail dans un cadre en filigrane d'argent, orné de pierres de couleur.

21 — **Émail** : Jeune fille assise dans un parc.

22 — **Émail.** Pastorale dans le goût de Lancret. Cadre en cuivre doré.

23 — Le Nid d'oiseaux. Composition de quatre figures. Miniature de forme ronde.

24 — Bacchanale d'enfants. Grisaille de forme ronde.

25 — La Toilette de Vénus. Petit médaillon peint à l'huile, de forme ronde.

26 — La Cage : composition dans le goût d'Eisen. Forme ronde.

27 — Portrait de jeune femme, coiffure poudrée, fichu sur les épaules. Forme ovale.

28 — Tête de rabbin. Miniature rectangulaire. Cadre en cuivre ciselé et doré.

29 — Portrait d'un Moine dominicain. Miniature placée dans un écrin en ivoire teint en vert.

30 — Vertumne et Pomone. Miniature sur vélin, par Klingstet.

31 — Petite fille avec bonnet. Miniature ovale. Époque Louis XVI.

32 — Vénus demandant à Vulcain des armes pour Énée. Miniature ronde avec cadre en cuivre.

33 — Le Départ d'Adonis. Miniature attribuée à Klingstet.

34 — Le Repos de Diane. Miniature de forme ronde.

35 — Moissonneuse endormie. Miniature ovale formant broche.

36 — Suzanne et les Vieillards. Miniature sur ivoire.

37 — Jupiter et Léda. Miniature de forme ronde. Cercle en or.

38 — Les Saisons. Miniature sur vélin dans le goût de Klingstet.

39 — Scène familière : deux figures dans le même genre.

40 — Les Buveurs. Miniature ovale sur ivoire.

41 — Portrait de la Cinci. Miniature ronde avec cadre en cuivre.

42 — Le Singe. Miniature rectangulaire.

43 — Le Premier Consul. Peinture sur verre.

44 — Jupiter et Io. Peinture de Brunswick.

45 — Portrait d'homme avec armoiries. Époque Louis XIII.

46 — Cadre contenant quatre portraits. Miniatures à l'huile et sur vélin.

47 — Deux petites Gouaches avec cadres en acier.

OBJETS DE MONTRE

CURIOSITÉS DIVERSES

48 — Charmant petit Coffret en cuivre gravé et reperçé à jour, travail persan.

49 — Bouteille à long col, ornée d'incrustations d'argent.

50 — Petite horloge carrée en cuivre gravé à colonnes dans les angles ; elle est surmontée d'un belvédère.

51 — Marbre sculpté : Enfant couché.

52 — Ivoire scupté. Deux figurines de jeunes femmes drapées.

53 — Petite montre Louis XVI, à double boitier, ornée d'un émail : Portrait de Maurice de Saxe dans un encadrement de jargons.

54 — Deux boucles d'oreilles. Modèle à cadran d'horloge, avec entourages de pierres de couleur.

55 — Un lot de Breloques.

56 — Bracelet. Monture à feuillage avec fermoir formé d'une rosace de pierres.

57 — Petit groupe en argent ciselé : Triomphe d'un empereur romain.

58 — Jonque chinoise en argent sur socle, imitant l'aventurine.

59 — Petite Cassolette Louis XV, en argent.

60 — Broche, forme poignard, en jaspe sanguin, agate et aventurine.

61 — Montre ancienne en argent.

62 — Éventail Louis XV. Monture ivoire.

63 — Boîte à savon en cuivre argenté.

64 — Petit flacon à odeurs en argent repoussé.

65 — Amulette en sardoine.

66 — Prisme d'améthyste. Bonbonnière montée argent.

67 — Cassolette en agate. Monture argent, époque Louis XVI.

68 — Trois pièces : deux petites tasses avec soucoupes et un sucrier en émail de Chine.

69 — Boîte ayant la forme d'un tigre, en émail de Saxe.

70 — Moutardier en argent. Époque Louis XVI.

71 — Autre Moutardier avec sa cuillère.

72 — Boîte, forme livre, en buis sculpté à inscriptions.

73 — Coffret en poirier sculpté, fin du XVIe siècle.

74 — Petit Cadre en bois sculpté.

75 — Boîte en vernis Martin, à personnages.

76 — Petit Coffret à couvercle bombé, incrusté de nacre.

77 — Bonbonnière octogone avec intaille sur agate.

78 — Un ancien coffre en bois sculpté.

79 — Deux bustes en bronze, bacchantes.

80 — Deux flambeaux en cuivre Louis XV.

81 — Petite commode avec dessus en marbre.

82 — Pendule marbre blanc avec sujet femme et amour en bronze doré, époque Louis XVI.

83 — Boîte à couvercle en écaille piquée d'or.

~~84 — Bonbonnière en agate, monture argent.~~

85 — Petite Boîte en bois de sandal sculpté.

FIGURINES EN SAXE

86 — Groupe d'Amours tenant des guirlandes de fleurs, sur socle à terrasse en ancienne porcelaine de Saxe.

87 — La Marchande de Champignons, figurine.

88 — Le Printemps et l'Hiver, grand groupe en porcelaine d'Allemagne.

89 — Les petits Musiciens, groupe sur socle rocaille.

90 — Le Repos des Moissonneurs, groupe d'Enfants.

91 — Le petit Forgeron, figurine en porcelaine de Höchst.

92 — L'Amour flûtiste, figurine en porcelaine de Louisbourg.

93 — La Dame au manchon, figurine en blanc de Saxe.

94 — Capucin, figurine en porcelaine d'Allemagne.

95 — Huits petits Vases à couvercles, forme fruits, grappes de raisins, poires, etc.

96 — Amours pèlerins, deux figurines en Saxe.

97 — Deux Plaques en porcelaine décorée.

98 — Tête-à-tête en porcelaine blanche et filets décorés.

99 — Encrier en porcelaine.

FAIENCES

100 — Plat creux en faïence d'Urbino : la Continence de Scipion.

101 — Autre Plat à reflets : Ambassadeurs de César devant Pompée.

102 — Assiettes, Plats, Saucières, Soupières, Porte-Huilier en faïence de Strasbourg.

TAPISSERIES, ÉTOFFES, TABLEAUX

103 — Ancienne Tapisserie à personnages et verdure.

104 — Écran en tapisserie au petit point.

105 — Ancien Tapis drap rouge soutaché.

106 — Deux Lambrequins soie Louis XIV.

107 — Sous ce numéro, cinq Morceaux de tapisseries pour siéges.

108 — Ancienne Peinture sur panneau, fragment.

109 — Un Panneau esquisse, genre Callot.

110 — Quatre Tableaux sous ce numéro.

111 — Les Objets omis au Catalogue.

Ves Renou, Maulde et Cock, imp. de la Compagnie des Commissaires-Priseurs, rue de Rivoli, 144. 27749

L[illegible] 1.

www.ingramcontent.com/pod-product-compliance
Lightning Source LLC
LaVergne TN
LVHW010332230826
846091LV00009B/3825

* 9 7 8 2 3 2 9 5 3 9 4 1 6 *